WHOSE BACK IS THIS?

¿DE QUIÉN ES ESTA ESPALDA?

JOANNE RANDOLPH

TRADUCCIÓN AL ESPAÑOL:
MA. PILAR OBREGÓN

PowerKiDS press. & **Editorial Buenas Letras**™

Published in 2009 by The Rosen Publishing Group, Inc.
29 East 21st Street, New York, NY 10010

First Edition

Book Design: Julio Gil
Photo Researcher: Jessica Gerweck

Photo Credits: Cover, pp. 5, 7, 9, 11, 13, 15, 17, 19, 21, 23, 24 (top left, bottom left, bottom right) Shutterstock.com; p. 24 (top right) © www.istockphoto.com/Alexander Hafemann.

Library of Congress Cataloging-in-Publication Data
Randolph, Joanne.
  [Whose back is this? Spanish & English]
  Whose back is this? = ¿De quién es esta espalda? / Joanne Randolph ; traducción al español, Ma. Pilar Obregón. – 1st ed.
     p. cm. – (Animal clues = ¿Adivina de quién es?)
  Added t.p. title: ¿De quién es esta espalda?
  Includes index.
  ISBN 978-1-4358-2531-4 (library binding)
  1. Body covering (Anatomy)–Juvenile literature. I. Title. II. Title: ¿De quién es esta espalda?
  QL941.R3618 2009
  590–dc22
                                                    2008004055

Manufactured in the United States of America

Web Sites: Due to the changing nature of Internet links, PowerKids Press and Editorial Buenas Letras have developed an online list of Web sites related to the subject of this book. This site is updated regularly. Please use this link to access the list: www.powerkidslinks.com/acl/back/

CONTENTS

Two Humps 4

In Black and White 12

Carrying a Shell 16

Black Spots 20

Words to Know/Index 24

CONTENIDO

Dos jorobas 4

En blanco y negro 12

Un caparazón 16

Puntos negros 20

Palabras que debes saber/Índice 24

What lives in the **desert** and has two **humps** on its back?

¿Qué animal vive en el **desierto** y tiene dos **jorobas** en el lomo?

4

5

A camel lives in the desert and has two humps on its back.

El camello vive en el desierto y tiene dos jorobas en el lomo.

Whose back is **bumpy** and orange and black?

¿Qué animal tiene la espalda **desigual** y de color negro y anaranjado?

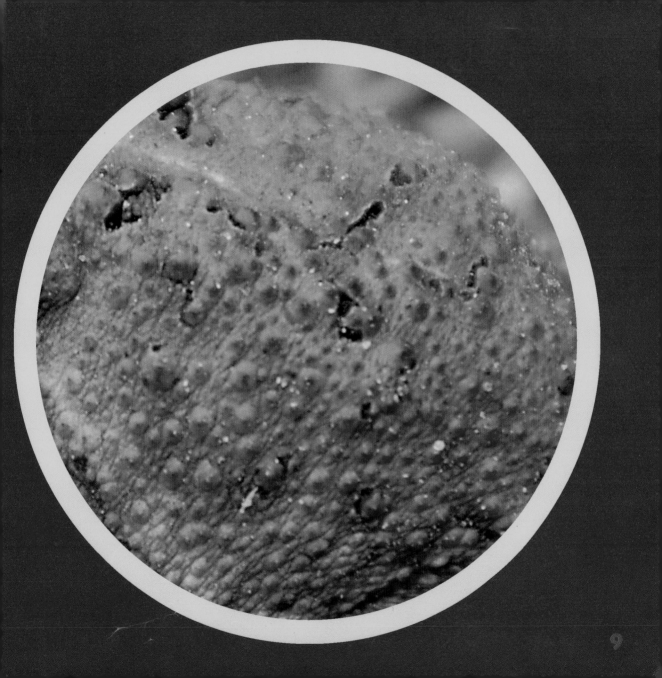

This toad's back is bumpy and orange and black.

Este sapo tiene la espalda desigual y de color negro y anaranjado.

11

Whose back has black and white **stripes**?

¿Qué animal tiene **rayas** de color blanco y negro en el lomo?

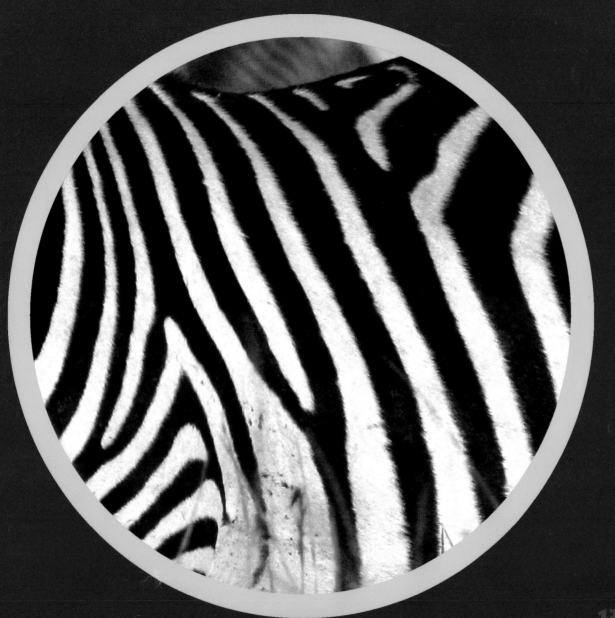

A zebra's back has black and white stripes.

La cebra tiene **rayas** de color blanco y negro en el lomo.

Who has a shell with large bumps on its back?

¿Qué animal tiene un caparazón con chichones en la espalda?

This mountain tortoise has a shell with large bumps on its back.

Esta tortuga de montaña tiene un caparazón con chichones en la espalda.

What has a red back with black spots all over it?

¿Qué animal tiene una espalda de color rojo y puntos negros?

A ladybug has a red back with black spots all over it.

La mariquita tiene una espalda de color rojo y puntos negros.

WORDS TO KNOW · PALABRAS QUE DEBES SABER

bumpy / desigual

desert / (el) desierto

humps / (las) jorobas

stripes / (las) rayas

INDEX

D
desert, 4, 6

H
humps, 4, 6

S
shell, 16, 18
spots, 20, 22
stripes, 12, 14

ÍNDICE

C
caparazón, 16, 18

D
desierto, 4, 6

J
jorobas, 4, 6

P
puntos, 20, 22

R
rayas, 12, 14